SEM ELE
NADA PODEMOS
FAZER

Dados Internacionais de Catalogação na Publicação (CIP)
(Câmara Brasileira do Livro, SP, Brasil)

Francisco, 1936- (Papa)
  Sem Ele nada podemos fazer : ser missionário no mundo atual : uma conversa com Gianni Valente / Papa Francisco ; tradução Leonardo A.R.T. dos Santos. – 1. ed. – Petrópolis, RJ : Editora Vozes, 2021.

  Título original: Senza di Lui non possiano far nulla – Essere missionari oggi nel mondo – Uma conversazione con Gianni Valente

  Bibliografia.
  ISBN 978-65-5713-191-6

  1. Caridade – Cristianismo 2. Entrevistas 3. Igreja Católica 4. Missão cristã 5. Papado – Ensino bíblico 6. Vaticano I. Título.

21-56280 CDD-262.13

Índices para catálogo sistemático:
1. Papado : Ensino bíblico e história : Cristianismo
262.13

Aline Graziele Benitez – Bibliotecária – CRB-1/3129

PAPA FRANCISCO

SEM ELE NADA PODEMOS FAZER

SER MISSIONÁRIO NO MUNDO ATUAL

Uma conversa com Gianni Valente

Tradução de Leonardo A.R.T. dos Santos

EDITORA VOZES

Petrópolis

© 2019 – Libreria Editrice Vaticana.

Tradução realizada a partir da edição italiana intitulada *Senza di Lui non possiamo far nulla – Essere missionari oggi nel mondo – Una conversazione con Gianni Valente*

Direitos de publicação em língua portuguesa – Brasil:
2021, Editora Vozes Ltda.
Rua Frei Luís, 100
25689-900 Petrópolis, RJ
www.vozes.com.br
Brasil

Todos os direitos reservados. Nenhuma parte desta obra poderá ser reproduzida ou transmitida por qualquer forma e/ou quaisquer meios (eletrônico ou mecânico, incluindo fotocópia e gravação) ou arquivada em qualquer sistema ou banco de dados sem permissão escrita da editora.

CONSELHO EDITORIAL

Diretor
Gilberto Gonçalves Garcia

Editores
Aline dos Santos Carneiro
Edrian Josué Pasini
Marilac Loraine Oleniki
Welder Lancieri Marchini

Conselheiros
Francisco Morás
Ludovico Garmus
Teobaldo Heidemann
Volney J. Berkenbrock

Secretário executivo
João Batista Kreuch

Editoração: Fernando Sergio Olivetti da Rocha
Diagramação: Sheilandre Desenv. Gráfico
Revisão gráfica: Alessandra Karl
Capa: Felipe Souza | Aspectos
Ilustração de capa: Anônimo. Cristo anda sobre a água. Catedral de Monreale, Sicília.

ISBN 978-65-5713-191-6 (Brasil)
ISBN 978-88-266-0361-2 (Itália)

Editado conforme o novo acordo ortográfico.

Este livro foi composto e impresso pela Editora Vozes Ltda.

Sumário

Introdução – Não com palavras da sabedoria humana, mas com a força de Deus, 7

Missionário frustrado – O sonho japonês do jovem Bergoglio, 11

Cristo sempre se antecipa – E a "Igreja em saída" nunca sai sozinha, 13

"O Espírito Santo e nós" – A missão é obra dele, 15

Delectatio victrix – A atratividade amorosa da graça, 18

"O Filho não pode fazer nada por si mesmo" – Confessar e atestar a obra de Deus, 22

O engano do proselitismo – Aqueles "recrutadores de adeptos" que querem prescindir de Cristo, 25

Anunciar Jesus – Primeiro o encontro, depois as palavras, 28

Não acrescentar fardos – O "batismo fácil" em Buenos Aires, 30

Basta o batismo – Todo o povo de Deus tem a missão como horizonte, 34

Sem "efeitos especiais" – Dinheiro, mídia e missão, 38

Missão e caridade – Anunciando Cristo nos tempos da globalização, 43

A Esposa de Cristo e suas joias – Anunciar o Evangelho na companhia dos mártires e dos santos, 46

De pessoa a pessoa – Antídotos para o caminho ilusório das "estratégias" missionárias, 50

Não aos "neocolonialismos clericais" – Em uma missão, seguindo Jesus, 54

Introdução

Não com palavras da sabedoria humana, mas com a força de Deus

"A alegria de anunciar o Evangelho sempre brilha sobre o pano de fundo da gratidão. É uma graça que sempre precisamos pedir." São quase sete da noite. Estamos na residência do Vaticano, na Casa Santa Marta. O dia agitado ainda não terminou. O papa fala em voz baixa. Procura por palavras. Sem pressa. Seu coração está em paz. No entanto, quem sabe quantos pensamentos – é fácil imaginar – pululam sua mente...

Em 2013, após os primeiros meses do pontificado, o sucessor de Pedro proveniente de Buenos Aires concentrou sua primeira carta apostólica programática *Evangelii Gaudium* "no anúncio do Evangelho no mundo atual", lembrando a todos que "a alegria do Evangelho enche o coração e a vida daqueles que se encontram com Jesus". Quase seis anos depois, em outubro de 2019, ele proclamou o Mês Missionário Extraordinário e convocou em Roma uma assembleia especial do Sínodo dos Bispos dedicada à Região Amazônica, no intuito de sugerir novas maneiras de anunciar o Evangelho nessa "terra de missão".

Nesse trecho do caminho, muitas coisas aconteceram na Igreja e no mundo. Papa Francisco assinalou seu magistério com acenos insistentes sobre a natureza própria da missão da Igreja e a ação que mais lhe convém. Ele insistiu reiteradamente que o protagonista da missão é o Espírito Santo; disse mil vezes que proclamar o Evangelho não é "proselitismo"; sugeriu de muitos e variados modos que a Igreja cresce "por atração" e "pelo testemunho". Um livro de frases da missão que acompanha este tempo eclesial como nota dominante. Uma constelação de palavras, todas com o objetivo de sugerir por acenos, qual é o dinamismo próprio de cada obra apostólica e qual pode ser sua fonte: não o resultado de um esforço adicional, a ser acrescentado aos trabalhos da vida; mas apenas uma reverberação de gratidão. Um transbordamento de gratidão pela alegria de ter encontrado Cristo e de ter sido abraçado por Ele.

Assim, a missão de proclamar o Evangelho – isso sugere o Papa Francisco de todas as formas e em todas as ocasiões – não se refere apenas aos "de dentro" e a sujeitos eclesiais específicos. Porque seus movimentos se baseiam no próprio coração do mistério da salvação. E seus caminhos entrelaçam a aventura da fé e da Igreja no evento histórico do mundo.

Nesse meio-tempo, o papa começou a transmitir suas memórias, intuições e imagens. E, enquanto ouvia suas palavras, aflora na mente aquilo que Santo Inácio de Antioquia escreveu nos primeiros anos do segundo século cristão, quando foi levado a Roma para ser exposto às feras e receber martírio: "Nosso Deus Jesus Cristo, agora que voltou para o Pai, *se manifesta ainda mais*. Diante das perseguições do mundo, o cristianismo não se sustenta com palavras de sabedoria humana, mas com a força de Deus".

Missionário frustrado

O sonho japonês do jovem Bergoglio

Santo Padre, o senhor disse que, quando jovem, queria ir ao Japão como missionário. Então as coisas tomaram outro caminho. Mas em sua primeira vocação havia o chamado e o ímpeto de "atravessar o mar". Pode-se dizer que o papa seria um missionário frustrado?

Eu não sei. Entrei nos jesuítas porque fiquei impressionado com sua vocação missionária; com sua ida constante rumo às fronteiras. Naquele tempo, não pude ir ao Japão. Mas sempre senti que anunciar Jesus e seu Evangelho sempre envolve sair e partir na estrada. Quando fui provincial dos jesuítas na Argentina, apoiei a expansão de pequenos "lugares de missão" por todo o país.

O senhor os enviou? E para onde partiam?

Onde fosse necessário. De norte a sul. Especialmente em áreas onde não havia padres. Quando me tornei bispo também vi padres em crise que viram seu sacerdócio, salvo quando partiam para exercê-lo longe, em locais de missão. Outros partiam porque ouviram o chamado do Senhor. Talvez eles pensassem que estavam indo a esses lugares para levar o Cristo. Em vez disso, eram eles que, naqueles lugares, eram abraçados e curados por Cristo. Dia após dia, descobriam as maravilhas, os pequenos e grandes milagres que Deus opera em seu povo fiel. O povo de pobres, de pessoas feridas e curadas, de pecadores perdoados.

O senhor se lembra de alguma história desses padres argentinos?

Lembro-me de um deles, Juan Ignacio Liébana. Ele reuniu suas experiências e seus encontros em uma missão no norte do país, perto de Santiago del Estero, em um livro. Ele o intitulou de *Bautizado por el monte* [Batizado pelo monte]. "Cheguei aqui", escrevia o Padre Juan Ignacio já nas primeiras páginas, "pensando ou pretendendo construir uma casa para Deus, desejando sair para visitar casas e comunidades para anunciar sua Palavra, em ser missionário heroico e generoso que leva sua mensagem. E, em vez disso, vejo que as coisas estão indo de maneira diferente. É Ele quem está construindo uma casa para mim, [e esta casa] é dele; não serei eu quem sairá para fazer visitas, é Deus quem me visitará. Será Ele quem trará sua mensagem de salvação para mim".

Cristo sempre se antecipa

E a "Igreja em saída" nunca sai sozinha

O senhor sempre diz: "Igreja em saída". A expressão é repetida por muitos e, às vezes, parece ter se tornado um slogan *abusivo, disponível para aqueles que são cada vez mais numerosos, que passam algum tempo ensinando à Igreja como ela deve ou não ser.*

"Igreja em saída" não é uma expressão de moda que eu inventei. É o mandamento de Jesus, que no Evangelho de Marcos pede a seus seguidores que partam por todo o mundo e preguem o Evangelho "a toda criatura". Ou Igreja está em saída ou não é uma Igreja. Ou anuncia ou não é Igreja. Se a Igreja não sai, está corrompida, está distorcida. Ela vira outra coisa.

O que é se torna uma Igreja que não anuncia e não sai?

Torne-se uma associação espiritual. Uma multinacional para lançar iniciativas e mensagens de conteúdo ético-religioso. Nada de errado com isso, mas não é a

Igreja. Esse é um risco de qualquer organização estática na Igreja. Acabamos por domar o Cristo. Você não dá mais testemunho do que Cristo opera, mas fala em nome de uma certa ideia de Cristo. Uma ideia possuída e domada por você. Você organiza as coisas, torna-se o pequeno empresário da vida eclesial, onde tudo acontece de acordo com o programa estabelecido, ou seja, apenas para ser seguido de acordo com as instruções. Mas o encontro com Cristo nunca acontece de novo. Aquele encontro que tocou seu coração lá no início não acontece mais.

Então a própria missão é um antídoto contra tudo isso? A vontade e o esforço de "sair" em uma missão são suficientes para evitar essas distorções?

A missão, a "Igreja em saída", não é um programa, uma intenção a ser cumprida pelo esforço da vontade. É Cristo que faz a Igreja sair de si mesma. Na missão de anunciar o Evangelho, você se move porque o Espírito Santo o impele e o conduz. E quando você chega, percebe que Ele chegou antes de você e está esperando por você. O Espírito do Senhor chegou primeiro. Ele se antecipa, até mesmo para preparar o caminho, e já está operando.

"O Espírito Santo e nós"

A missão é obra dele

Em uma reunião com as Pontifícias Obras Missionárias, o senhor sugeriu que se lessem os Atos dos Apóstolos, como o texto habitual de oração. A história do início, e não um manual da estratégia missionária "moderna". Como assim?

Os protagonistas dos Atos dos Apóstolos não são os apóstolos. O protagonista é o Espírito Santo. Os apóstolos reconhecem e testificam primeiro. Quando eles comunicam aos irmãos de Antioquia as indicações estabelecidas no Concílio de Jerusalém, eles escrevem: "Decidimos, o Espírito Santo e nós". Eles reconheceram com realismo o fato de que era o Senhor quem acrescentava "aqueles que eram salvos" à comunidade todos os dias, e não os esforços persuasivos dos homens.

E hoje é como naquela época? Nada mudou?

A experiência dos apóstolos é como um paradigma que vale para sempre. Pense em como as coisas nos Atos dos Apóstolos acontecem livremente, sem serem forçadas. É um evento, uma história de homens em que os discípulos sempre ficam em segundo lugar, sempre chegam depois do Espírito Santo que age. Ele prepara e trabalha corações. Ele perturba os planos humanos. É Ele quem os acompanha, quem os guia e consola em todas as circunstâncias em que se encontram. Quando chegam os problemas e as perseguições, o Espírito Santo também trabalha, de uma maneira ainda mais surpreendente, com seu conforto, as suas consolações. Como acontece após o primeiro martírio, o de Santo Estêvão.

O que acontece?

Começa um tempo de perseguição, e muitos discípulos fogem de Jerusalém, vão para a Judeia e para a Samaria. E lá, enquanto estão dispersos e fugitivos, eles começam a proclamar o Evangelho, mesmo estando sozinhos e sem a companhia dos apóstolos, que ficaram em Jerusalém. Eles são batizados, e o Espírito Santo lhes dá coragem apostólica. Ali, percebe-se pela primeira vez que o batismo é suficiente para se tornar anunciador do Evangelho. A missão é isso aí. A missão é obra do Senhor. É inútil se agitar. Não há necessidade de nos organizar, não há necessidade de gritar. Não são necessários truques ou estratagemas. Você só precisa pedir para poder refazer hoje a experiência que o fará dizer "nós decidimos, o Espírito Santo e nós".

E se não há essa experiência, qual é o sentido dos apelos à mobilização missionária?

Sem o Espírito, querer fazer a missão se torna outra coisa. Seria, eu diria, um projeto de conquista, o pretexto de uma conquista que nós realizamos. Uma conquista religiosa ou talvez ideológica, talvez até feita com boas intenções. Mas é outra coisa. Se alguém me diz "padre, eu vou evangelizar", respondo: Que bom! E o que você está fazendo? E se naquele momento em que me diz que ele evangeliza tentando convencer os outros de que Jesus é Deus, tenho vontade de dizer: Certo, mas isso não é proclamar o Evangelho. Se não há Espírito Santo, não há proclamação do Evangelho. Você pode chamar isso de publicidade, de busca de novos prosélitos. A missão é se deixar guiar pelo Espírito Santo: que seja Ele quem o leva a anunciar Cristo. Pelo testemunho, pelo martírio de cada dia. E, se necessário, também com palavras.

Delectatio victrix

A atratividade amorosa da graça

Há expressões que o senhor costuma repetir quando se refere à missão de anunciar o Evangelho. Citando o Papa Bento XVI, o senhor costuma repetir que a Igreja cresce por atração. O que pretende indicar? Quem atrai? Quem é atraído?

Jesus diz isso no Evangelho de João. "Quando eu for elevado da terra, atrairei todos a mim." E no mesmo Evangelho, Ele também diz: "Ninguém vem a mim, a menos que o Pai que me enviou o atraia". A Igreja sempre reconheceu que essa é a forma adequada de todo movimento que nos aproxima de Jesus e do Evangelho. Não se trata de uma crença, de um argumento, uma tomada de consciência. Não é uma pressão, ou uma constrição. É sempre uma atração. O Profeta Jeremias já dizia "Tu me seduziste e eu me deixei seduzir". O Papa Albino Luciani disse que o amor de Deus "também é uma jornada misteriosa", em que "eu não parto, se Deus não tomar a iniciativa primeiro". Pio XI, precisamente no que se refere à obra das missões, reconheceu que "os pregadores evangélicos poderiam muito bem se cansar, derramar suor e até mesmo dar a vida", mas tudo isso "seria inútil, tudo desmoronaria, se Deus, com sua graça, não tocasse os corações dos infiéis para torná-los dóceis e atraí-los para si". E isso vale para os próprios apóstolos, e para os próprios missionários, e para a obra destes.

De que maneira acontece o que o senhor acabou de descrever?

O mandato do Senhor de sair e proclamar o Evangelho pressiona/vem de dentro, por amor, por atração pelo amor. Não seguimos a Cristo, muito menos nos tornamos anunciadores dele e de seu Evangelho por uma decisão tomada à mesa, por um ativismo autoinduzido. Até o entusiasmo missionário só pode ser proveitoso se ocorre dentro dessa atração e a transmite a outras pessoas.

O senhor parece falar tendo em mente rostos e histórias pessoais. A que está se referindo?

Tenho em mente tantos missionários e missionárias, inclusive idosos, que viveram toda a vida confiados ao amor de Cristo. Eles fizeram muitas coisas, com uma energia inesgotável, e os outros perceberam que tudo o que fizeram e continuam a fazer é um reflexo, um eco de seu amor por Cristo e do amor de Cristo por eles. O missionário, a missionária, pode realmente se tornar interessante para os outros e atraí-los para Cristo, não pelo seu próprio trabalho, mas apenas quando se percebe que eles mesmos são atraídos e que é o próprio Cristo quem atrai por intermédio desses missionários. Isso também é intuído e dito muito bem por Santa Teresa de Lisieux no final de seu diário espiritual.

Ela é a santa que foi proclamada padroeira das missões. Uma padroeira das missões que nunca saiu de seu convento...

Nas últimas páginas ditadas antes de sua morte, ela conta como Jesus a fez vislumbrar o coração de sua vocação missionária, quando Ele a ajudou a compreender o significado da frase do Cântico dos Cânticos, onde se lê: "Atrai-me para ti! Quero seguir a fragrância dos teus perfumes". "Ó Jesus", explica Teresa, "portanto, nem é necessário pedir: atraindo-me, atrai também as almas que amo. Esta simples palavra: 'Atrai-me' é suficiente". E acrescenta: "Quando uma alma se deixa cativar pelo cheiro inebriante de seus perfumes, não pode correr sozinha", porque "todas as almas que ela ama são arrastadas a seguir; isso acontece sem restrições, sem esforço, é uma consequência natural de sua atração por ti".

Qual é o significado dessas palavras com relação à missão e ao anúncio do Evangelho?

Isso significa que se é Cristo que o atrai, se você se mover e faz as coisas porque é por Cristo, os outros percebem sem esforço. Não há necessidade de provar, muito menos de se exibir. Em vez disso, quem pensa em ser o protagonista ou empresário da missão, com todas as suas boas intenções e suas declarações de intenção, muitas vezes acaba sem atrair ninguém. Pode até ser que exiba os dons que ele quer oferecer ao Senhor; mas, ao fazer isso, mesmo sem malícia, tudo parece concentrado em si mesmo, tudo serve para medir seus recursos e sua dedicação. O desejo de fazer algo por Cristo é uma resposta grata ao que Cristo fez comigo. Santo Inácio também diz isso nos *Exercícios Espirituais*: Ele fez tudo por mim e então faço algo por Ele, mas é sempre Ele que começa. É sempre Ele quem se aproxima de nós. O missionário é um servo que olha para o Senhor. Os missionários são os protagonistas apenas do serviço que prestam em seu nome, e o estupor com que dão testemunho dele. É Ele quem se aproxima, toma a iniciativa quando quer e como deseja. O Evangelho inteiro diz isso. Pense no encontro com a mulher samaritana ou nos encontros do Ressuscitado com os discípulos. A fé é iniciativa dele. Inclusive em seu florescimento missionário apostólico.

"O Filho não pode fazer nada por si mesmo"

Confessar e atestar a obra de Deus

Na Carta Apostólica Evangelii Gaudium, *o senhor reconhece que tudo isso pode "nos causar alguma vertigem". Assim como aqueles que mergulham em um mar onde não sabem o que encontrarão. O que o senhor quis sugerir com essa imagem? Essas palavras também se referem à missão?*

A missão não é um projeto corporativo bem-experimentado. Nem sequer é um programa organizado para contar quantas pessoas participam graças à nossa propaganda. O Espírito Santo opera como quer, quando quer e onde quer. E isso pode levar a algumas vertigens. No entanto, o cume da liberdade repousa precisamente nisso, em deixar-se levar pelo Espírito, renunciando a calcular e controlar tudo. E é precisamente nisso que imitamos o próprio Cristo, que no mistério de sua ressurreição aprendeu a repousar na ternura dos braços do Pai. Falando de si mesmo, Ele próprio confidenciou a seus apóstolos que "Filho não pode fazer nada por si mesmo; ele faz apenas o que vê o Pai fazer. O que o Pai faz, o Filho o faz também". Realmente o imitam e verdadeiramente se conformam a Ele os anunciadores do Evangelho que se deixam cativar por sua ternura. Aqueles que talvez reconheçam que também são frágeis como vasos de barro, mas pedem que Ele torne seus gestos fecundos, como e quando lhe aprouver. A misteriosa fecundidade da missão não consiste em nossas intenções, em nossos métodos, em nossos impulsos e em nossas iniciativas, mas repousa precisamente nessa vertigem: a vertigem que é sentida diante das palavras de Jesus, quando Ele diz "sem mim, nada podeis fazer".

O senhor também gosta de repetir que a Igreja cresce "por testemunho". O que gostaria de sugerir com essa insistência?

O fato de que a atração se torna testemunho em nós. A testemunha atesta o que a obra de Cristo e de seu Espírito realmente operou em sua vida. Após a ressurreição, é o próprio Cristo que se torna visível aos apóstolos. É Ele quem os torna testemunhas. Inclusive o testemunho não se refere ao desempenho de alguém, somos testemunhas das obras do Senhor. Santa Teresa de Lisieux reitera: "Quando sou caridosa, é somente Jesus quem age em mim". O testemunho suscita admiração, e a admiração suscita perguntas em quem a vê. Aos outros ocorre de se perguntarem: Por que essa pessoa é assim? De onde lhe vem o dom da esperança e de tratar os outros de acordo com a caridade? Quando Deus opera diretamente na vida e no coração das pessoas, isso causa espanto. Admiração e estupor viajam juntos na missão. Se o missionário ou a missionária não tem a experiência do estupor, se não desperta admiração, se ele não é um discípulo e mártir, sua ocupação pode se tornar apenas uma maneira de tentar preencher o vazio e esconder seus medos. Admiração e estupor são os sentimentos, as características distintivas do caminho dos missionários. Nada a ver com a impaciência e a ansiedade dos agentes enviados pelas empresas para anunciar e acumular sócios e prosélitos.

O engano do proselitismo

Aqueles "recrutadores de adeptos" que querem prescindir de Cristo

Outra coisa que o senhor costuma repetir, neste caso, em chave negativa: a Igreja não cresce por proselitismo e a missão da Igreja não é o proselitismo. Por que tanta insistência? É para salvaguardar boas relações com outras Igrejas e dialogar com as tradições religiosas?

O problema do proselitismo não é apenas o fato de contradizer o caminho ecumênico e o diálogo inter-religioso. Existe proselitismo onde quer que haja a ideia de fazer a Igreja crescer sem a atração de Cristo e a obra do Espírito, concentrando tudo em algum tipo de "discurso sapiente". Então, antes de tudo, o proselitismo elimina da missão o próprio Cristo e o Espírito Santo, mesmo quando pretende falar e agir em nome de Cristo, de maneira nominalista. O proselitismo é sempre violento por natureza, mesmo quando dissimulado ou exercido com luva de pelica. Ele não suporta a liberdade e a gratuidade com que a fé pode ser transmitida, por graça, de pessoa para pessoa. Por essa razão, o proselitismo não é apenas aquele do passado, dos tempos do velho colonialismo, ou de conversões forçadas ou compradas com a promessa de vantagens materiais. Pode haver proselitismo até hoje, mesmo em paróquias, comunidades, movimentos, congregações religiosas.

O senhor também repete a frase atribuída a São Francisco: "Pregue o Evangelho e, se necessário, use as palavras". O que quer dizer? Talvez que não seja mais necessário ou apropriado pregar o Evangelho com palavras, em voz alta em todas as ocasiões?

O Senhor sempre quer que anunciemos coisas boas. E o Evangelho também deve ser anunciado em palavras, porque este é o mandamento do Senhor. Na Exortação Apostólica *Evangelii Nuntiandi*, que é tão querida para mim, Paulo VI já lembrava que não há evangelização se o nome e o mistério de Jesus de Nazaré não forem proclamados. E certas instituições eclesiásticas, embora robustas e com bom funcionamento, não dizem mais nada a muitas pessoas e até acabam provocando sentimentos de escândalo, justamente porque não anunciam mais nada, não comunicam mais nada, exceto sua eficiência como aparatos mundanos. Mas anunciar em voz alta o Evangelho não consiste em assediar os outros com discursos apologéticos, em gritar diante do outro, até de maneira raivosa, a verdade da Revelação. Muito menos é necessário lançar verdades e fórmulas doutrinárias sobre os outros como se fossem pedras. Quando isso acontece, é um sinal de que até mesmo as palavras cristãs foram alteradas e se transformaram em ideologia.

Anunciar Jesus

Primeiro o encontro, depois as palavras

E então, o que significa anunciar o Evangelho?

O anúncio do Evangelho significa prestar o testemunho de Cristo em palavras simples e precisas, como fizeram os apóstolos. Mas não há necessidade de inventar discursos persuasivos. O anúncio do Evangelho também pode ser sussurrado, mas sempre passa pela força chocante do escândalo da cruz. E ele sempre seguiu o caminho indicado na Epístola de São Pedro, que consiste em simplesmente "dar aos outros a razão" da própria esperança. Uma esperança que continua sendo escândalo e loucura aos olhos do mundo. Por esse motivo, a repetição literal do anúncio em si não tem efeito e pode cair em ouvidos surdos se as pessoas a quem ele é dirigido não tiverem a oportunidade de conhecer e prever de alguma maneira a própria ternura de Deus em relação a eles e a sua misericórdia curativa.

O senhor pode dar um exemplo do que acabou de dizer?

Na experiência comum não se fica impressionado ao encontrar alguém que sai por aí dizendo de uma maneira impressionante o que é o cristianismo, o que é bom ou ruim e o que você precisa fazer para ir ou não para o inferno ou para o céu. Na experiência comum, na maioria das vezes acontece de sermos tocados pelo encontro com uma pessoa ou uma realidade humana que surpreendem pelos gestos e palavras que revelam sua fé em Cristo. E, somente dentro dessa admiração e desse estupor que suscita perguntas, essa pessoa e essa realidade humana podem atestar e proclamar o nome e o mistério de Jesus de Nazaré, na esperança de poder responder às expectativas e perguntas suscitadas em outros por causa de seu próprio testemunho. Vejo nisso uma analogia com muitas experiências e dinâmicas específicas da condição humana. Até a criança conhece primeiro os gestos de amor de seus pais, mãe e pai, sem ainda saber seus nomes, e depois aprende sobre seus nomes. A realidade vem antes do nome. O espanto despertado pelo que o Senhor trabalha em suas testemunhas geralmente vem antes do anúncio. No final do Evangelho de Marcos, que acena para o início da pregação apostólica, depois que Jesus ascendeu ao céu, o evangelista atesta que os apóstolos partiram e pregaram em todos os lugares, enquanto o Senhor agia junto com eles e confirmava a Palavra por meio dos sinais que a acompanharam (cf. Mc 16,17-20).

Não acrescentar fardos

O "batismo fácil" em Buenos Aires

O senhor já falou sobre "sair". De acordo com a sua experiência, existem outras características distintas que conotam o "estado de missão"? O que distingue o "missionar" cristão?

Uma característica distintiva é a de agir como facilitadores, e não como controladores da fé. Facilitar, tornar fácil, não colocar obstáculos ao desejo de Jesus de abraçar a todos, de curar a todos, de salvar a todos. Não fazer acepção, não impor "aduanas pastorais". Não fazer o papel daqueles que se postam à porta para verificar se outros têm os requisitos para entrar. Lembro-me dos padres e comunidades paroquiais que em Buenos Aires implementaram muitas iniciativas para facilitar o acesso ao batismo. Eles haviam notado que nos últimos anos o número de pessoas sem batismo por muitas razões, incluindo as sociológicas, estava crescendo e queriam lembrar a todos que ser batizado é uma coisa simples, que todos podem pedir o batismo para si mesmos e para seus filhos. O caminho assumido por esses padres e comunidades paroquiais era apenas um: não acrescentar fardos, não impor requisitos, tirar do caminho quaisquer dificuldades culturais, psicológicas ou práticas que poderiam levar as pessoas a adiar ou abandonar a intenção de batizar seus filhos na Igreja. Ninguém deveria sair da secretaria paroquial com a ideia de que o batismo tivesse sido negado a seus filhos, talvez tomando como pretexto a pouca "preparação" religiosa dos pais, ou a falta de consciência deles sobre a responsabilidade de garantir à criança batizada uma educação cristã após o batismo. Um *vade-mécum* da arquidiocese também enfatizou explicitamente que o batismo não pode ser negado aos filhos de mães solteiras, a casais unidos apenas por um vínculo civil, aos filhos de casais em segunda união.

Como se chegou a essas intuições e escolhas pastorais "facilitadoras"?

Por trás dessas iniciativas, havia também as belas ideias do Padre Rafael Tello, o teólogo dos pobres e da devoção popular. Ele, sem polemizar, também descreveu a mentalidade *"ilustrada"* como essa abordagem intelectual elitista que acabou reduzindo o batismo a uma espécie de rito que visa dar aos batizados um certo grau de "espiritualidade" e a capacidade de "realizar ações espirituais".

O que essas iniciativas sugeriam em relação ao Sacramento do Batismo?

No memorando da diocese estava escrito que a iniciativa do batismo "vem de Deus, que inspira os pais cristãos a pedirem seus filhos. Mesmo quando são incapazes de dar razões adequadas para o seu pedido, e mesmo sem o saber, estão agindo por causa da predileção livre e amorosa de Deus que deseja que esse filho seja seu filho em Jesus Cristo".

Podemos dizer então que as iniciativas para ajudar o "batismo fácil" foram uma expressão de como o cuidado pastoral comum para administrar os sacramentos pode ser vivido em uma chave missionária?

Claro. Os sacramentos são gestos do Senhor. Eles não são de propriedade de padres ou bispos. Na Argentina, existem muitas pequenas cidades ou povoados de difícil acesso, onde o padre chega uma ou duas vezes por ano. Mas a espiritualidade popular percebe que as crianças devem ser batizadas o mais rápido possível. Portanto, nesses lugares sempre há um leigo conhecido por todos como *batizador*, que batiza crianças quando nascem, esperando o padre chegar. Quando chega o padre, as pessoas lhe trazem as crianças para que ele as marque com o óleo santo, completando assim a cerimônia. Quando ouço essas experiências, sempre penso nas comunidades cristãs do Japão que ficaram sem padres por mais de duzentos anos. E quando voltaram, os missionários os encontraram todos batizados, todos validamente casados na Igreja e todos os defuntos enterrados de maneira cristã. Esses leigos haviam recebido apenas o batismo e, em virtude do batismo, também viveram sua missão apostólica.

Basta o batismo

Todo o povo de Deus tem a missão como horizonte

Na América, no início da evangelização, os missionários discutiram quem seria "digno" de receber o batismo.

Naquela época, os franciscanos tendiam a batizar os nativos com facilidade, e para isso eles também simplificaram o rito e aprofundaram o ensino somente após o batismo. Outras congregações religiosas, no entanto, não concordaram com essa escolha dos franciscanos. Teólogos da Universidade de Salamanca também intervieram nessa disputa. Para eles, aqueles batizados com facilidade pelos franciscanos eram "bárbaros infiéis" que, antes de receber o batismo, precisavam ser educados não apenas na fé, mas também nos autênticos "costumes cristãos". Enquanto o frade franciscano Turíbio de Benavente, [também conhecido como] Motolinía, repetia que os índios eram os favoritos do Senhor, e os dons de Deus destinados a eles não podiam ser apreendidos. Frei Turíbio implicava também com os sacerdotes que exigiam dos indígenas sinais imediatos de santidade e devoção. Ele os comparou com o comerciante que havia comprado uma ovelha muito magra e fraca e, depois de lhe dar um pedaço de pão, ia imediatamente a tocar-lhe a cauda para ver se havia engordado.

Como terminaram essas disputas?

O Papa Paulo III rejeitou as teorias daqueles que afirmavam que os índios eram por natureza "incapazes" de aceitar o Evangelho e confirmou a escolha daqueles que facilitavam seu batismo. Isso parece coisa do passado, mas até mesmo agora existem círculos e setores que se apresentam como ilustrados, iluminados, e também apreendem a proclamação do Evangelho em suas lógicas distorcidas que dividem o mundo entre "civilização" e "barbárie". A ideia de que o Senhor tem entre seus amados também muitos *cabecitas negras* os irrita, os coloca de mau humor. Eles consideram grande parte da família humana como se fosse uma entidade de classe inferior, inadequada para atingir níveis decentes na vida espiritual e intelectual de acordo com seus padrões. Nessa base, pode se desenvolver o desprezo para com povos considerados de segundo nível. Tudo isso emergiu também por ocasião do Sínodo dos Bispos na Amazônia.

Muitos insistem que a missão não é mais uma atividade confiada exclusivamente a grupos específicos da estrutura eclesial, a profissionais "especializados". O que isso significa?

Deus escolheu convocar homens e mulheres como povo e não como seres isolados. Ninguém se salva sozinho, isto é, nem como indivíduo isolado nem com suas próprias forças. Jesus não diz aos apóstolos para formar um grupo exclusivo, um grupo de elite. E todo o povo fiel de Deus tem a missão como horizonte. Todos os batizados podem confessar a Cristo na condição em que se encontram. Sem automatismos, sem restrições forçadas. É a semente do batismo que pode florescer livremente e de muitas maneiras diferentes. Portanto, a missão não é competência exclusiva de grupos específicos. Ninguém pode reivindicar a competência exclusiva de manter vivo o espírito missionário na Igreja, como se a Igreja fosse um corpo morto para ser revivido. Essa é uma obra que pertence ao Senhor, e Ele escolhe muitas formas imaginativas e surpreendentes de fazer o povo de Deus viver sua vocação missionária. Somente o povo de Deus como um todo é infalível *in credendo*. Quando um grupo se distancia do povo de Deus como um todo e quer assumir a posição de elite, perde a oportunidade de participar do infalível *sensus fidei* do santo povo de Deus. E como você pode testemunhar o Senhor se não compartilha o *sensus fidei* infalível do povo de Deus? É como querer ser uma árvore sem raízes.

Para reconhecer essa participação do povo de Deus na missão é necessário criar mandatos ou funções especiais para os leigos?

Quando, na Igreja, ouço falar de "leigos comprometidos". Esta fórmula não me convence. Se você é um leigo batizado, você já está comprometido. O batismo é suficiente. Não há necessidade de imaginar um batismo duplo, um batismo especial reservado para a categoria de "leigos comprometidos".

Sem "efeitos especiais"

Dinheiro, mídia e missão

Na Evangelii Gaudium, *o senhor insistiu que na Igreja até mesmo as atividades mais comuns devem ser vividas "em uma chave missionária" e a Igreja deve se colocar em um "estado permanente de missão". O que pretendia sugerir? Uma espécie de automobilização permanente?*

A condição comum para todos é o lugar em que a vocação missionária de toda pessoa batizada pode ser vivida. Na Constituição *Lumen Gentium*, do Concílio Vaticano II, são citadas *"as circunstâncias ordinárias da vida familiar e social"* em que os fiéis leigos podem *"tornar visível"* Cristo aos outros por meio do testemunho de vida e irradiar "fé, esperança e caridade". Isso significa estar em um "estado permanente" de missão. Não há necessidade de organizar iniciativas especiais, de inventar mobilizações especiais. Basta permanecer na vida assim como ela ocorre, vivendo de maneira missionária os gestos mais simples, as ocupações mais comuns, no meio das pessoas que o Senhor nos faz conhecer. E isso também pode ser aplicado à vida das paróquias e comunidades. As iniciativas dos padres e comunidades de Buenos Aires para aumentar as ocasiões de celebração dos batismos, de que já falamos, parecem-me um exemplo de como as atividades pastorais comuns podem ser vividas de maneira missionária. É uma maneira de viver a celebração dos batismos "em uma chave missionária", que é precisamente o gesto mais simples, mais importante e ao mesmo tempo comum que marca a vida de toda comunidade paroquial.

Mas se mesmo o gesto mais usual pode se tornar e ser definido como "missionário", o que acontece com a missão ad gentes *como uma vocação especial para sair dos limites comuns da própria vida habitual?*

Se uma pessoa batizada, um pai, uma mãe de família ou uma comunidade paroquial vivem em chave missionária as coisas mais comuns da vida cotidiana, se experimentam "sair" e ir para as periferias existenciais, mesmo nos lugares de sua vida cotidiana, se sentirá ainda mais afeto e proximidade para com todos os missionários que partem e vão longe, para proclamar o Evangelho em outros lugares, em outras periferias. O dom de um coração não fechado na autorreferencialidade também se manifesta nisso. Quem vive em perspectiva missionária as coisas comuns de cada comunidade eclesial nunca se fecha em si mesmo, e sente próximo e afim à vocação daqueles que são chamados para ir pregar o Evangelho distante dos lugares e situações onde nasceram e cresceram. E até os missionários que partem e vão para longe são chamados a se abaixarem aos ritmos diários e eventos comuns dos lugares e comunidades humanas em que se encontram vivendo. Somente dentro da estrutura da vida cotidiana seu trabalho pode se tornar frutífero. E somente assim, no caminho da vida cotidiana, é possível alcançar um processo de real inculturação do Evangelho nas várias realidades. Todos os processos fecundos de inculturação sempre fizeram o seu caminho e surgiram lentamente na trama da vida cotidiana concreta. Isso é verdadeira inculturação. Inculturar-se é esse estar na vida cotidiana, tanto no tempo quanto na maneira de se expressar e de expressar a vida desses povos. Você não pode pensar que a fé seja transmitida como uma espécie de transplante de uma determinada organização de um país para outro, de uma situação para outra. A inculturação não é realizada em laboratórios teológicos, mas na vida cotidiana.

Sempre se arrecadou dinheiro para obras de caridade e as missões. É preciso dinheiro para anunciar o Evangelho? Que critérios devem ser seguidos com relação a esse aspecto do trabalho missionário?

Santo Inácio de Loyola diz que todos os meios naturais alcançados de maneira honesta podem ser legitimamente usados para apoiar o trabalho apostólico. São justamente esses meios que pertencem à ordem dos instrumentos, e nunca se deve perder de vista sua natureza. Eles não têm nenhum valor em si mesmos, e não devemos colocar neles a esperança. O dinheiro em si não abre nenhum caminho. Permanece como apoio aos aspectos concretos e materiais do trabalho missionário. Estes, em si mesmos, não são fecundos, não geram vida. Se isso não for levado em consideração, o dinheiro se tornará sufocante. E isso nos leva a pensar que a missão pode ser realizada como se fosse uma atividade empreendedora, segundo ditames gerenciais e funcionalistas, com foco na captação de recursos e em projetos e iniciativas a serem financiados. Talvez em alguns lugares tenham diminuído as ofertas dos fiéis, e isso é um sinal de enfraquecimento da fé, e então pensamos poder resolver o problema e cobrir a realidade com algum sistema de coleta mais bem-organizado. O Bem-aventurado Paolo Manna, fundador da União Missionária do Clero [Pime], já em 1927 descreveu a excessiva importância atribuída ao dinheiro no mundo missionário como preocupante. Ele escreveu que as missões da época podiam ser definidas como "organizações de propaganda paga", onde se estava submetido à teoria da necessidade absoluta de dinheiro e onde a busca por dinheiro havia se tornado "quase uma obsessão".

Qual é o efeito da expansão invasiva e envolvente da mídia digital e das redes sociais na missão? É verdade, como dizem alguns, que a missão se faz na internet? Não há o risco de trocar as pequenas "bolhas" de seguidores pelas multidões populares?

Para as mídias vale o mesmo que se aplica ao dinheiro. Elas pertencem à ordem dos meios, dos instrumentos. Agora existem essas ferramentas à disposição, é correto usá-las. Mas também é necessário observar os efeitos de diferentes sinais produzidos pelas mídias sociais na vida das pessoas conectadas à rede. A internet representa um recurso extraordinário para comunicação, acesso ao conhecimento e à informação. Mas também se revelou o lugar mais exposto à distorção das relações humanas. A rede pode ser um instrumento para conhecer outras pessoas, mas também pode se tornar o local virtual onde você se isola e se perde em mundos irreais.

Missão e caridade

Anunciando Cristo nos tempos da globalização

Missão, obras sociais, caridade. São vários os que tendem a colocar o anúncio claro da fé e das obras sociais em dialética alternativa. Dizem que não é necessário reduzir a missão ao apoio das obras sociais. Seria essa uma preocupação legítima? Oportuna? Necessária? Enganosa?

Tudo que está dentro do horizonte das bem-aventuranças e obras de misericórdia anda de mãos dadas com a missão, já é um anúncio, já é uma missão. A Igreja não é uma ONG, a Igreja é outra coisa. Mas a Igreja também é um hospital de campanha, onde todos são acolhidos como são, as feridas de todos são tratadas. E isso faz parte de sua missão. Tudo depende do amor que move o coração de quem faz as coisas. Se um missionário ajuda a cavar um poço em Moçambique, por que ele percebeu que serve àqueles a quem ele batiza e prega o Evangelho, como alguém pode dizer que esse trabalho está separado do anúncio? Segundo Cristo, é possível fazer missão até por meio da construção de campos de futebol para as crianças dos subúrbios de Buenos Aires. Uma freira que trabalha em um hospital, talvez entre pessoas não cristãs, anuncia o Evangelho por meio da caridade com a qual trata os doentes e, portanto, manifesta seu amor por Jesus e o amor de Jesus pelos enfermos. Para mim, uma pessoa que nos últimos anos me mostrou o que é realmente a missão é a Irmã Maria Concetta Esu, que conheci em Bangui.

A "freira parteira"?

Sim. Há mais de 60 anos, ela está na atual República Democrática do Congo, onde é obstetra e ajudou milhares de meninos e meninas a nascerem. Vai à África Central de canoa e disse que faz isso todos os sábados, indo e vindo do Congo, para fazer compras diversas e também remédios, que lá custam menos. Quando eu estava em Bangui, ela veio com uma menina de 4 anos, que a chamou de "Mamãe Marie". A mãe da menina havia morrido no parto e a Irmã Maria Concetta a adotou legalmente. "Ela não tinha ninguém", disse ela, "e pensei que o Senhor estivesse me dizendo algo, e a levei comigo". Lembro que ela estava feliz enquanto me dizia essas coisas. Quando chegou a Roma, eu queria dar-lhe um prêmio. Ela agora tem mais de 85 anos.

A globalização é uma oportunidade para a missão? Ou um problema adicional a ser enfrentado, uma vez que apaga as identidades e aprova tudo?

A globalização é um dado de fato, na fase atual do mundo e da história. E, por si só, não é uma coisa ruim. Pode se tornar uma ameaça se for realizada com o pretexto de nivelar tudo, de tornar todos iguais, como se fosse uma esfera, apagando as riquezas e particularidades de cada povo. Se a globalização é uma esfera em que cada ponto é igual, equidistante do centro, cancela as diferenças e isso não é bom; se, por outro lado, a globalização é concebida de acordo com o modelo do poliedro, no qual todas as faces estão unidas, mas cada uma mantém sua própria particularidade, então pode ser um instrumento de encontros entre povos e pessoas. Alguns fenômenos relacionados à globalização também afetam a vocação missionária. Por exemplo, o deslocamento de multidões que procuram trabalho ou fogem de guerras e pobreza trouxe milhões de pessoas batizadas para regiões do mundo onde o anúncio do Evangelho nunca deu à luz comunidades locais. E traz pessoas que nunca souberam o nome de Jesus aos países onde os cristãos vivem, mas os cristãos não podem ter medo desses fenômenos. Eles também abrem novos caminhos e novas possibilidades para o anúncio do Evangelho.

A Esposa de Cristo e suas joias

Anunciar o Evangelho na companhia dos mártires e dos santos

O senhor já mencionou a inculturação. Quais são as novas atenções e sensibilidades a serem exercitadas hoje nos processos destinados a tornar proveitosa a proclamação do Evangelho nos vários contextos sociais e culturais?

Apenas cem anos atrás, na Carta Apostólica *Maximum Illud*, o Papa Bento XV definiu como uma "praga do apostolado" o espetáculo dos missionários mais comprometidos em dilatar o poder de suas respectivas pátrias terrenas do que em "dilatar o Reino de Deus" e, citando São Paulo, lembrou a todos que a fé cristã "não é estranha a nenhuma nação", pois nela "não há judeu nem grego, escravo ou livre, homem ou mulher; mas Cristo é tudo em todos". Nos últimos dois milênios, os povos que receberam a graça da fé a fizeram florescer em suas vidas diárias e a transmitiram de acordo com suas próprias modalidades culturais. O cristianismo não tem um único modelo cultural. Como reconheceu João Paulo II, "Permanecendo o que é, na fidelidade total ao anúncio evangélico e à tradição eclesial, o cristianismo assumirá também o rosto das diversas culturas e dos vários povos onde for acolhido e se radicar" [*Novo Millennio Ineunte*, 40]. O Espírito Santo embeleza a Igreja com as novas expressões das pessoas e comunidades que abraçam o Evangelho. Assim, a Igreja, assumindo os valores de diferentes culturas, torna-se "*sponsa ornata monilibus suis*", a esposa que se enfeita com suas joias, da qual fala o Profeta Isaías. É verdade que algumas culturas estão intimamente ligadas à pregação do Evangelho e ao desenvolvimento de um pensamento cristão. Mas, no tempo em que vivemos, torna-se ainda mais urgente ter em mente que a mensagem revelada não se identifica com nenhuma cultura. E, no encontro com novas culturas ou com culturas que não aceitaram a pregação cristã, não se deve tentar impor uma forma cultural específica junto com a proposta do Evangelho. Hoje, mesmo no trabalho missionário, é ainda mais conveniente não carregar malas pesadas, libertar-se de certas sacralizações vãs da própria cultura. E convém sempre lembrar, como João Paulo II faz na encíclica missionária *Redemptoris Missio*, citando a *Lumen Gentium*, que toda cultura "não deixa de ser um produto do homem e, como tal, está marcada pelo pecado. Também ela deve ser 'purificada, elevada, e aperfeiçoada'".

O senhor também costuma se referir à espiritualidade popular como um caminho fecundo de missão e proclamação do Evangelho.

Na assembleia dos bispos latino-americanos em Aparecida, em 2007, todos repetimos que, com as práticas usuais de espiritualidade popular, o povo de Deus "evangeliza a si mesmo" e não precisa de ser organizado por elites clericais de fora. Na espiritualidade do povo de Deus já existe uma relação direta de amor com Jesus, com Maria e com os santos de Deus nos santuários, nas peregrinações, nas procissões, nas orações comunitárias recitadas em algumas capelas. Esse é um dom precioso que o Senhor custodia por toda a Igreja. E possui uma força missionária incomparável e incalculável que fala e age diretamente no coração das pessoas.

Missão e martírio. O senhor se referiu várias vezes ao íntimo vínculo que une essas duas experiências.

Na vida cristã, a experiência do martírio e a proclamação do Evangelho a todos têm a mesma origem, a mesma fonte, quando o amor de Deus derramado em nossos corações pelo Espírito Santo dá força, coragem e consolo. O martírio é a expressão máxima do reconhecimento e do testemunho dado a Cristo, que representam a realização da missão, da obra apostólica. Penso sempre nos irmãos coptas mortos no Egito, que proferiram o nome de Jesus suavemente enquanto eram decapitados. Penso nas Irmãs de Madre Teresa mortas no Iêmen, enquanto cuidavam de pacientes muçulmanos em uma residência para idosos deficientes. Quando as mataram, traziam aventais de trabalho vestidos sobre seu hábito religioso. Todos são vencedores, não "vítimas". E o martírio dessas pessoas, até o derramamento de sangue, ilumina o martírio que todos podem sofrer na vida cotidiana, com o testemunho dado a Cristo todos os dias. Isso pode ser visto quando se vai visitar as casas de repouso de missionários idosos, muitas vezes debilitados por tudo que viveram. Um missionário me disse que muitos deles perdem a memória e não se lembram mais de nada do bem que fizeram. "Mas isso não importa", dizia ele, "porque, em vez disso, o Senhor se lembra muito bem".

De pessoa a pessoa

Antídotos para o caminho ilusório das "estratégias" missionárias

Quais são as urgências, os ajustes que agora o senhor vê como urgentes para a missão?

É sempre necessária uma purificação do que esconde, vela ou deforma a face de Cristo, inclusive na missão. Também hoje devemos estar atentos a tudo o que de alguma forma acaba por revelar a missão como uma forma de colonização ideológica, ainda que mascarada. É apenas uma questão de propor Cristo. Dizer que ainda hoje existe a possibilidade de segui-lo. Devemos tomar cuidado com todos os sistemas, todas as formas de anúncio que tentam impor isso sob qualquer pretexto, mesmo usando o mecanismo do *do ut des* [dou para que (me) dês]. A missão é o contato humano, é o testemunho de homens e mulheres que dizem aos seus companheiros de viagem: Conheço Jesus, gostaria de torná-lo conhecido também por você. Se começarmos disso, também escapamos de qualquer forma de funcionalismo. A esperança é colocada no Senhor, e não em estratégias organizadas ou na distribuição de auxílios. O Papa Bento, quando ainda era cardeal, salientou uma vez que a Igreja antiga, após o fim do tempo apostólico, havia implementado uma atividade missionária bastante reduzida, não possuía uma estratégia real para anunciar a fé em Cristo. No entanto, naquela época multidões de homens e mulheres se tornaram cristãos. "A conversão do mundo antigo ao cristianismo", apontou o então Cardeal Ratzinger, "não foi o resultado de uma atividade planejada, mas o fruto da prova de fé no modo como se tornou visível na vida dos cristãos e na comunidade da Igreja. A força missionária da Igreja antiga foi, humanamente falando, nada mais do que o verdadeiro convite da experiência à experiência".

A experiência dos sacerdotes assim chamados fidei donum, *que temporariamente deixam sua diocese para viver um tempo de missão em terra distante, promove vínculos entre comunidades de diferentes países e também ajuda a espalhar a sensibilidade missionária nas comunidades às quais pertencem. Mas atualmente estão se difundindo também as figuras, às vezes um pouco agitadas, dos chamados "entusiastas" ou "especialistas", viajando pelo mundo, às vezes falando sobre animação missionária. Pode haver um modo de missão "morde e foge"?*[1]

Para seguir Jesus e anunciar o Evangelho saímos de nós mesmos e de nossa autorreferencialidade, mas também ocorre "estar", permanecer em lugares e situações aonde o Senhor nos leva. Caso contrário, a missão também pode se tornar uma desculpa para fazer turismo espiritual disfarçado de apostolado, ou para se ocupar em desabafar a própria inquietação. Paulo VI, na *Evangelii Nuntiandi*, roga para que o mundo "possa receber a Boa-nova dos lábios, não de evangelizadores tristes e desencorajados, impacientes ou ansiosos, mas sim de ministros do Evangelho cuja vida irradie fervor, pois foram quem recebeu primeiro em si a alegria de Cristo". Quem quer que esteja em missão, qualquer tipo de missão, realiza uma bela e boa obra se tiver um coração que se permita moldar na paciência. Se consegue se rebaixar e quase se esconder na vida cotidiana de um povo, desse povo para junto do qual foi conduzido. Não se trata de fazer animação missionária como se fosse um emprego, mas de conviver com outras pessoas, mantendo-se no seu próprio ritmo, pedindo para acompanhá-las aprendendo a andar no seu próprio ritmo. Os chamados missionários "morde e foge" estão longe disso. Disseram-me que os indí-

---

[1] O original italiano traz a expressão *mordi e fuggi*; traduzida literalmente neste texto ela indica uma intervenção e abandono imediato da situação. Referem-se, tanto o entrevistador quanto o papa, àqueles modelos missionários baseados numa rápida visita com pregações e intensidade de atividades que, contudo, não comportam uma permanência e consequente comprometimento dos missionários nos lugares visitados [N.T.].

genas da Amazônia chamam a esses missionários de ocasião, esses visitantes improvisados, de "os mortos". Porque são aqueles que você vê apenas uma vez e depois desaparecem, justamente como os cadáveres antes de serem sepultados.

Os jovens, e especialmente rapazes e moças, meninos e meninas. Após a tragédia do escândalo da pedofilia há sinais e episódios de tendência a quase esterilizar e tornar a relação entre a Igreja e a infância mais rarefeita. No entanto, a chamada "infância missionária", em muitos países, tornou-se a ferramenta comum para o cuidado pastoral das crianças: essa é uma experiência que agora, depois dos escândalos, deve ser engavetada?

Certamente que não. É bom que se mostre às crianças desde tenra idade que o anúncio do Evangelho, o anúncio da história de Jesus, é dinâmico, e eles também podem narrar essa história aos seus amigos. E é bom também que eles possam aprender desde tenra idade a pensar em pessoas, povos e mundos distantes, pelos quais eles também possam recitar algumas orações ou aprender a fazer alguma pequena oferta.

Não aos "neocolonialismos clericais"
Em uma missão, seguindo Jesus

Existem regiões e situações no mundo que representaram uma espécie de "sonho missionário" para toda a Igreja, ao longo de muitas gerações. Agora, nessas regiões, novas possibilidades poderiam se abrir, novos caminhos para anunciar o Evangelho. Como convém se mover diante disso?

Antes de tudo, é preciso ter cuidado e evitar todas as formas de neoclericalismo eclesiástico e neocolonialismo. Nessas regiões o Espírito Santo já trabalhou efetivamente, e não há o deserto. Já existem comunidades eclesiais locais que estão avançando, mesmo em meio a muitos problemas. Se alguém quer ajudar esses irmãos, deve fazê-lo com humildade, em espírito de comunhão, sem a presunção de querer dizer a eles o que devem ou não fazer, agora e no futuro. Assim se aprende algo das lições do passado, incluindo os erros. Como os erros cometidos quando foram evitados os chamados ritos malabar na Índia e os ritos chineses na China. Esses foram erros que pesaram durante séculos de maneira negativa no anúncio do Evangelho naquelas terras.

Em conclusão, o senhor se referiu várias vezes ao "ocaso do jesuíta". Francisco Xavier, padroeiro das missões, junto com Santa Teresa de Lisieux. O que o impressiona nessa imagem lembrada na obra de José María Pemán?

Apenas o fato deste final, deste pôr do sol. O grande missionário Francisco Xavier acaba assim, olhando a China, para onde ele queria ir e não pôde entrar. Ele morre assim, sem nada, somente diante do Senhor. Ele morre lá, é enterrado, e é como enterrar uma semente. O Cardeal Hummes me disse: quando chego a um novo local na Amazônia, vou imediatamente ao cemitério. Vejo os muitos túmulos dos missionários que se consumiram ali, gastaram suas vidas naquela terra. E eu penso: todos esses são santos, todos já estão com o Senhor. Todos poderiam ser canonizados. Morrendo naqueles lugares, eles foram plantados naquela terra como sementes. Os verdadeiros missionários e as verdadeiras missionárias, de qualquer tipo, não são apenas "enviados". Eles não são apenas intermediários. Partem em missão seguindo Jesus, com Jesus, ao lado de Jesus, caminham com Ele e, quando são grandes missionários, entende-se que é Ele quem os conduz.

São esses que têm a oportunidade de contemplar com seus olhos, e também de lembrar a todos, quão verdadeira é a promessa de Jesus: "Estou convosco todos os dias, até o fim dos tempos".

LEIA TAMBÉM:

O livro da felicidade

Joan Chittister

Joan Chittister é beneditina, autora *best-seller* e palestrante conhecida internacionalmente. Já participou de diversos programas, incluindo o da renomada apresentadora americana Oprah Winfrey. É defensora da justiça, da paz e da igualdade, especialmente, para as mulheres do mundo todo, e é uma das mais influentes líderes sociais e religiosas do nosso tempo.

Escreveu vários livros que buscam entender o ser humano em perspectiva existencial e religiosa, com linguagem sempre atual e vivencial. Essa nova obra tem a felicidade como tema central.

Para Chittister, a felicidade não é um derivado da riqueza ou do sucesso, mas uma qualidade pessoal a ser aprendida, regida e destemidamente exercida. Porém muitos, erroneamente, acreditam que a felicidade resulta de ter bastante dinheiro, fama, conforto, sucesso mundano ou até pura sorte.

Ao longo dessas páginas, Chittister desenvolve "uma arqueologia da felicidade" enquanto conduz uma "escavação" através da sociologia, biologia, neurologia, psicologia, filosofia, história e religiões, oferecendo *insights* inspiradores que ajudarão peregrinos de todos os lugares a aprenderem a cultivar a verdadeira e duradoura felicidade dentro de si mesmo.

Joan Chittister é autora também de *Para tudo há um tempo* e *Entre a escuridão e a luz do dia*, ambos publicados pela Editora Vozes.

LEIA TAMBÉM:

Como encontrar Deus
...e por que nem é necessário procurá-lo

Zacharias Heyes

"Deus se revela a todo momento, e o ambiente mais propício para encontrá-lo é o cotidiano."

O cristianismo é uma religião cuja característica essencial é que o ser humano não precisa se esforçar constantemente para chegar a Deus, para encontrar um acesso a Deus, para "mostrar serviço" para que Deus o aceite. Em outras palavras: ele não precisa se perguntar constantemente sobre como pode subir até Deus ou quantos degraus na escada para o céu ele já escalou. O cristianismo parte da premissa de que o movimento fundamental segue a direção de Deus para o ser humano. Foi Deus quem desceu do céu e alcançou o ser humano.

O evento decisivo é a encarnação de Deus em Jesus. Os cristãos acreditam que, em Jesus, o próprio Deus se tornou humano. Ele viveu entre as pessoas, deu-lhes seu amor, sua amizade, Ele as curou e edificou. As pessoas que conheceram Jesus receberam nova esperança e força por meio desse encontro. O desejo de Deus é estar presente entre as pessoas porque Ele as ama. Aquele que parte em busca de Deus não precisa funcionar constantemente no "modo de busca", mas ter, sobretudo, a disposição interna de permitir que Deus o encontre e de encontrá-lo no meio das pessoas.

Nessa obra, Zacharias Heyes traz exemplos históricos de personagens que reencontraram Deus no cotidiano de sua vida. O ápice da participação de Deus no cotidiano da vida é a encarnação do Filho, que se faz humano com os humanos. Num segundo momento, Heyes cita aspectos da relação humana com o outro. A manifestação de Deus no cotidiano leva a um novo relacionamento com o outro, de forma a encontrar o Deus que se manifesta nele.

EDITORIAL

CATEQUÉTICO PASTORAL
Catequese – Pastoral
Ensino religioso

CULTURAL
Administração – Antropologia – Biografias
Comunicação – Dinâmicas e Jogos
Ecologia e Meio Ambiente – Educação e Pedagogia
Filosofia – História – Letras e Literatura
Obras de referência – Política – Psicologia
Saúde e Nutrição – Serviço Social e Trabalho
Sociologia

TEOLÓGICO ESPIRITUAL
Biografias – Devocionários – Espiritualidade e Mística
Espiritualidade Mariana – Franciscanismo
Autoconhecimento – Liturgia – Obras de referência
Sagrada Escritura e Livros Apócrifos – Teologia

REVISTAS
Concilium – Estudos Bíblicos
Grande Sinal – REB

PRODUTOS SAZONAIS
Folhinha do Sagrado Coração de Jesus
Calendário de mesa do Sagrado Coração de Jesus
Agenda do Sagrado Coração de Jesus
Almanaque Santo Antônio – Agendinha
Diário Vozes – Meditações para o dia a dia
Encontro diário com Deus
Guia Litúrgico

VOZES NOBILIS
Uma linha editorial especial, com importantes autores, alto valor agregado e qualidade superior.

VOZES DE BOLSO
Obras clássicas de Ciências Humanas em formato de bolso.

CADASTRE-SE
www.vozes.com.br

EDITORA VOZES LTDA.
Rua Frei Luís, 100 – Centro – Cep 25689-900 – Petrópolis, RJ
Tel.: (24) 2233-9000 – Fax: (24) 2231-4676 – E-mail: vendas@vozes.com.br

UNIDADES NO BRASIL: Belo Horizonte, MG – Brasília, DF – Campinas, SP – Cuiabá, MT
Curitiba, PR – Fortaleza, CE – Goiânia, GO – Juiz de Fora, MG
Manaus, AM – Petrópolis, RJ – Porto Alegre, RS – Recife, PE – Rio de Janeiro, RJ
Salvador, BA – São Paulo, SP